AF259907

NOTE

SUR UN POINT ERRONÉ DE L'HISTOIRE LITTÉRAIRE DE LA FRANCE
PAR LES BÉNÉDICTINS.

JEAN DE COLMIEU,

AUTEUR SUPPOSÉ DU XIIe SIÈCLE,

PAR M. DUCHET,

PROVISEUR DU LYCÉE DE DOUAI, MEMBRE DE LA SOCIÉTÉ IMPÉRIALE D'AGRICULTURE, SCIENCES ET ARTS DE DOUAI.

On sait avec quelle infatigable ardeur les Bénédictins de la congrégation de Saint-Maur se sont appliqués, pendant les deux derniers siècles, à fouiller le champ de notre histoire nationale, et quels précieux trésors d'érudition ils ont amassés pour l'étude de tout ce qui se rattache au moyen âge : traités de diplomatique et de chronologie, collections de pièces et de chroniques, histoires monastiques et provinciales.

Parmi les travaux de ces savants religieux auxquels le temps seul a manqué pour être menés à terme, l'*Histoire littéraire de la France* est certainement un de ceux qui leur font le plus d'honneur. Nul autre, en effet, n'exigeait plus de recherches, et de recherches longues et difficiles, sur un terrain nouveau, inexploré, où devant eux ils n'avaient point de modèles ni de guides. Aussi, dans cette grande entreprise, l'idée, le plan, l'exécution, tout est bien à eux, et le mérite leur en appartient tout entier.

Mais, on le reconnaîtra sans peine avec moi, l'ensemble si grandiose et si vaste qu'ils ont embrassé présentait une telle multitude de détails, qu'il leur était à peu près impossible de contrôler tous les matériaux mis en œuvre, de vérifier l'exactitude de toutes les informations, et personne, assurément, ne s'étonnera que, dans un cadre de cette étendue, il se soit glissé çà et là quelques erreurs.

C'est une de ces erreurs que je me propose d'établir et de rectifier ici.

La conséquence ne laisse pas d'en avoir été singulière, puisqu'elle a conduit les Bénédictins à ranger parmi les écrivains ecclésiastiques de la France au XIIᵉ siècle un personnage dont l'existence même n'est que vaguement prouvée, et qui a été tout au moins également étranger à l'époque où ils l'ont fait vivre et à l'ouvrage qu'ils ont placé sous son nom.

L'ouvrage est la *Vie* de Jean de Warneton, évêque de Thérouanne ; l'écrivain, son archidiacre prétendu, Jean de Colmieu.

C'est au milieu de l'année 1099, si célèbre dans les annales des croisades, quelques mois seulement après la conquête de Jérusalem, que l'évêque Jean, surnommé *de Warneton* (Warneton-sur-la-Lys était le lieu de sa naissance), s'assit sur le siége épiscopal de Thérouanne, qu'il occupa jusqu'en 1130, c'est-à-dire plus de trente ans. Cette longue carrière, toute pleine de vertus et de bonnes œuvres, couronnée par une fin exemplaire, laissa une trace profonde dans le souvenir des fidèles de son Église [1], et ce fut un membre de cette même Église, un de ses archidiacres, qui, sur les instances de ses confrères, et pour remplir envers l'évêque défunt un devoir d'affectueuse gratitude, se chargea du soin pieux d'honorer et de perpétuer sa mémoire, en écrivant l'édifiant récit de sa vie et de sa mort [2].

Ce récit, recueilli par les Bollandistes, fut inséré au 27 janvier dans le tome II des *Acta sanctorum,* avec une très-courte notice sur l'écrivain [3]. Cette notice est celle que les Bénédictins ont

---

[1] Aux yeux de ses contemporains, l'évêque Jean mérita d'être mis au nombre des saints. Deux siècles plus tard, le chroniqueur abbé de Saint-Bertin, Jean d'Ypres, portait de lui le même témoignage. (*Thesaur. nov. anecdot.* III, col. 598.) Son nom ne figure cependant pas dans le martyrologe de Thérouanne, mais il se trouve dans ceux de Molanus et de Chastelain.

[2] « Ut aggrediar opus, nous dit-il, tum ille quo eundem Dei servum ardentissime dilexi suasit caritatis affectus, tum et nonnulli ex fratribus importunis admodum precibus et innumeris me impulerunt hortatibus. » (Bolland. *Acta sanctorum,* januar., II, 794.)

[3] Voir la note précédente.

à leur tour reproduite, en la traduisant, dans le XIe volume de leur *Histoire littéraire*[1].

Pour la composer, comme l'auteur, parfaitement inconnu jusque-là, n'était mentionné nulle part, les éditeurs avaient dû se servir uniquement des ressources que leur présentait le texte par eux publié, et ils avaient recueilli les renseignements que l'écrivain donne sur sa personne dans le cours de son œuvre. Il y parle de lui en effet et se met en scène plusieurs fois, sans cependant se nommer jamais.

Restait donc le nom à connaître. Ce nom, sur lequel l'auteur a gardé modestement le silence, ce qui n'est pas rare à une époque où l'on ne recherchait guère la publicité, ce nom qu'il était pourtant si intéressant et si utile d'apprendre, les Bollandistes crurent le découvrir dans l'*explicit* des deux manuscrits dont ils se servirent pour leur édition[2] : « Explicit Vita domni Johannis, Mori- « nensis episcopi, edita per D. Johannem de Collemedio, ejus « archidiaconum. » C'est ainsi que se terminaient les deux exemplaires. Cet *explicit* faisait de l'auteur un archidiacre, ce qui était tout à fait conforme à la teneur du texte, et l'appelait Jean de Colmieu. Les éditeurs acceptèrent l'indication pour vraie sans chercher davantage ; personne n'éleva de doute contre l'assertion, et les Bénédictins la confirmèrent, la consacrèrent pour ainsi dire, en l'adoptant[3].

---

[1] Pages 144-148. — Cf. le *Discours sur l'état des lettres au xiie siècle,* en tête du IXe volume, p. 39.

[2] Les deux manuscrits dont il est ici question provenaient, l'un du père Héribert Rosweyd, que l'on sait avoir eu le premier la pensée de la collection des *Acta sanctorum ;* l'autre du père Martin Lhermite, qui l'avait trouvé dans les papiers de Buzelin. C'est d'ailleurs ce même Buzelin qui semble avoir été le premier à mentionner Jean de Colmieu comme l'auteur de la Vie de Jean de Warneton. (*Gallo-Flandr.* lib. II, p. 250, Duaci, 1624.)

[3] C'est seulement en 1733 que fut commencée l'*Histoire littéraire de la France,* et déjà l'opinion de Buzelin avait été, antérieurement à cette époque, suivie par Sanderus (*Flandr. illust.* 1re édit. 1641, I, 355 et 393), par les Bollandistes (*loco citato*) et par les nouveaux éditeurs du *Gallia Christiana,* publié de 1715 à 1728 (t. XI, col. 1546). Le tome IX de l'*Histoire littéraire* ne parut qu'en 1750, et le tome XI, œuvre de dom Clémencet, et de ses collègues dom Clément, dom Maurice Poncet, dom Jean Colomb, ne fut publié qu'en 1759.

Que doit-il arriver cependant, si la donnée est inexacte, et que devient, dans ce cas, Jean de Colmieu?

L'existence qu'il ne devait qu'à une méprise lui est par cela même retirée, et la notice placée sous son nom devra disparaître de l'*Histoire littéraire*. Or c'est là ce qu'il sera facile de démontrer.

Et d'abord, pour mieux fixer les idées, résumons les traits principaux qui composent cette notice, en y faisant entrer quelques détails nouveaux, négligés à tort, et dont il est possible de tirer parti.

La première circonstance de sa vie importante à noter, c'est qu'il était fort jeune encore lorsque l'évêque Jean l'appela, contre l'opinion de tous, dit-il lui-même, et contre sa propre attente, à remplir les fonctions que venait de rendre vacantes la mort de l'archidiacre Arnoul[1]. Il n'indique pas formellement la date de sa promotion à ce poste de confiance; mais, dans un autre passage, il se donne comme ayant vécu environ quatorze ans[2] dans la société intime de l'évêque, qui mourut en 1130. Il en résulte que, s'il était encore en fonctions à cette époque, la date dont il s'agit ne saurait être reculée au delà de 1116.

Qu'il fût encore en fonctions au moment de la mort de l'évêque,

---

[1] « Me quoque, quasi abortivum, sibi adscivit et... post decessum D. Arnulphi archidiaconi, ejus curam officii, cum admodum juvenis essem, contra spem certe meam et omnium fere voluntatem... imposuit. » (*Acta SS. loco cit.* 798.) D'un autre passage les Bollandistes ont conclu un peu trop légèrement qu'avant de devenir archidiacre de Thérouanne, l'auteur avait été pendant seize ans chanoine à Ypres. Le texte ne dit rien de pareil ; il signifie simplement que Gérard, le maître du jeune archidiacre (et nous ne savons si ce fut à Ypres plutôt qu'à Thérouanne ou à Cambrai qu'il suivit ses leçons), fut le premier abbé du monastère d'Ypres et le gouverna pendant seize ans.

Voici le passage : «Gerardus, vir per omnia religiosus, ecclesiæ S. Auberti Cameracensis canonicus, ab ipso postea in monasterio Yprensi primus abbas ordinatus, magister meus, qui in eodem loco annis circiter sexdecim quibus præfuit pariter prodesse studiose curavit. » (*Ibid.*) Si l'auteur eût été seize ans chanoine avant de devenir archidiacre, comment aurait-il pu, en parlant de lui, dire qu'au moment de sa promotion il était encore d'une très-grande jeunesse, « admodum juvenis? »

[2] « Cum ipso conversatus per spatium ferme quatuordecim annorum. » (*Ibid.*)

c'est ce qui ne peut être mis en doute, d'après les détails mêmes de son récit. C'est lui que nous voyons l'assister dans sa dernière maladie, introduire auprès de son chevet la foule des fidèles avides de contempler une dernière fois les traits du vieillard agonisant; et, aussitôt que celui-ci a rendu le dernier soupir, verser un baume précieux sur ses mains et sur sa face vénérable. C'est lui qui se concerte avec l'archidiacre Herbert, son collègue, pour choisir au défunt un sépulcre convenable, où tous deux, le portant ensemble sur leurs épaules, vont ensuite le déposer, derrière le grand autel de son église cathédrale [1]. C'est lui encore qui rédige l'épitaphe du prélat en double exemplaire, l'un écrit sur parchemin et enfermé dans un vase de verre, scellé avec soin, l'autre gravé sur une lame de plomb, et qui les place auprès de la tête du défunt dans le tombeau [2]. C'est lui enfin qui, comme on l'a dit plus haut, neuf mois après cette triste journée, se décide, pour s'acquitter envers son bienfaiteur d'un dernier devoir, à retracer son histoire.

Ainsi, nul doute à conserver sur ce point : en 1130 il était encore archidiacre et il avait un certain Herbert pour collègue. Les renseignements qu'il nous donne sur celui-ci ne sont pas moins utiles à recueillir. Nous apprenons par lui qu'Herbert avait eu pour prédécesseur Achard, lui-même successeur de l'archidiacre

---

[1] «Non est prætereundum quod, cum vir venerabilis dominus Heribertus archidiaconus et ego de quærendo in quo congrue tantus poni sacerdos posset sarcophago, vehementer anxiaremur. »

Et plus loin :

«In quod præfatus honorabilis vir, dominus scilicet Heribertus, et ego cum inferremus... per humeros eum singulariter tenendo et in eodem mausolæo ponendo, » etc.

Ailleurs :

«Post principale autem altare beatæ semper virginis Mariæ (la cathédrale de Thérouanne était sous l'invocation de Notre-Dame)... parietem ecclesiæ feceramus perfodi. » (*Acta SS. loco cit.* 800 et 801.)

[2] «Scripseram autem titulum, pontificatus et dormitionis ejus tempus et morum operumque illius aliquam summam breviter continentem... et in membrana et in plumbea scribi fecimus lamina; utrumque vero ad caput ejus posuimus, laminam per se, membranam autem signatam in vitreo vase. » (*Acta SS. loco cit.* 798.)

Hugues. « Achard, nous dit-il, était un religieux d'Arrouaise, que l'évêque Jean, à la mort de son archidiacre Hugues, choisit pour occuper son emploi et qui partit un peu plus tard pour la Terre Sainte. Il y devint doyen ou prieur de l'église du Temple à Jérusalem et refusa de revenir en Europe[1]. » Pour le remplacer, l'évêque jeta les yeux sur un ancien chanoine de Vormizele dont il avait déjà fait son chapelain. C'était Herbert.

Tels sont, parmi les détails fournis par le texte, ceux qui présentent le plus d'intérêt et d'importance. Il en est un surtout auquel nous devons nous attacher, parce qu'il forme comme le pivot de toute notre discussion; le voici : l'auteur anonyme était un archidiacre de Thérouanne qui assistait en 1130 aux funérailles de l'évêque Jean de Warneton, en même temps qu'Herbert, son collègue. La question se réduit donc désormais à ces termes bien simples :

Quel était, en 1130, le collègue d'Herbert dans l'archidiaconat?

Si c'est réellement le Jean de Colmieu des Bollandistes et des Bénédictins, on devra certainement trouver trace de son existence dans les chartes, dans les diplômes, en un mot dans les documents contemporains.

Personne, en effet, qui ne sache que les archidiacres occupaient un rang élevé[2], non-seulement dans la hiérarchie ecclésiastique, mais aussi dans la société civile, si étroitement unie alors à la société religieuse. Il y a donc, surtout au XIIe siècle et dans les siècles qui ont précédé, peu d'actes véritablement importants qu'ils ne fussent appelés à venir authentiquer de leur témoignage et de

---

[1] « Dominus Achardus... quem, defuncto Hugone archidiacono, in ejus locum subrogavit; qui et hodieque superstes in Jerusalem templo Domini præsidet. » Et un peu après : « Dominum Heribertum... Formosellensis monasterii canonicum sibi assumpsit et... capellanum habuit... Postea, præfato Achardo Jerosolymam profecto, cum reverti ultra nollet, in archidiaconatu successorem statuit. » (*Acta SS. loco cit.* 798.)

[2] Au témoignage de la Chronique d'Andres (*Spicileg.* in-fol. III, 804), l'archidiacre Hugues dont il vient d'être question était le frère d'un des plus puissants barons de la contrée, Manassé, comte de Guines; et ce n'est pas là un exemple unique, tant s'en faut.

leur signature. A plus forte raison cela est-il vrai des actes qui émanent des évêques dont ils étaient les auxiliaires immédiats.

Pour les trente années qu'a duré l'épiscopat de Jean de Warneton, les pièces diplomatiques ne nous manquent pas. Le recueil d'Aubert Le Mire, les cartulaires des églises, et principalement ceux de l'abbaye de Saint-Bertin abondent en documents de cette nature, à l'aide desquels dresser la liste complète des archidiacres de Thérouanne à cette époque est chose bien facile.

Si l'on interroge ces documents, voici ce qu'ils nous répondent :

1° Jamais, sous l'épiscopat de Jean de Warneton, le nombre des archidiacres de Thérouanne n'est supérieur à deux, et c'est toujours deux qu'on rencontre[1].

2° Jamais Jean de Colmieu ne figure dans ce nombre.

3° Ceux que les actes authentiques nous révèlent sont :

Hugues avec Arnoul, en 1097[2];

---

[1] Cette remarque, ainsi restreinte, suffisait pour le besoin particulier de la thèse que je soutiens; mais on peut la généraliser et l'étendre à toutes les époques et à tous les épiscopats. Le nombre de deux archidiacres, et de deux archidiacres seulement, dans le diocèse de Thérouanne, n'est pas un fait accidentel et passager. Lorsque l'évêché fut supprimé au XVIe siècle, il se divisait en archidiaconé de France ou d'Artois, quelquefois aussi appelé *de Thérouanne,* et en archidiaconé de Flandre ; et ces noms remontent au moins jusqu'au XIIe siècle, puisque, dès 1168, une charte du Cartulaire de Watten (ms. 852 de la bibliothèque de Saint-Omer, fol. 26) contient la mention suivante : « Alulfus, archidiaconus Teruanensis; Walterus, archidiaconus Flandrensis. » Si l'on ne retrouve pas antérieurement ces deux dénominations distinctes, le nombre des archidiacres n'en reste pas moins toujours le même. On peut, à ce sujet, consulter le savant travail de M. Desnoyers sur la topographie ecclésiastique de la France, p. 633. Aux exemples qu'il cite, il serait facile d'en ajouter beaucoup d'autres, et notamment les suscriptions des bulles pontificales, qui ne mentionnent jamais que deux archidiacres. En 1078 : « Gregorius... archidiaconis Tarvennensis ecclesiæ Irnolpho et Huberto et canonicis, » etc. (Lett. IX du livre II du *Registre* de Grégoire VII.) — En 1139 : « Innocentius... dilectis filiis Miloni, episcopo Morinensi, Philippo et Miloni, archidiaconis, et toto (*sic*) capitulo Morinensium, » etc. dans le *Cartulaire* publié par Guérard, p. 313.

[2] *Cartul. de Saint-Bertin* édité par Guérard, p. 244, et aussi ms. de Saint-Omer n° 578, pièce 65. — Dans ce dernier, les signatures sont bien plus nombreuses que dans le texte imprimé. Outre les deux archidiacres, on y voit paraître

Achard avec Arnoul, avant 1109[1];

Herbert avec Arnoul, en 1109 et 1112[2];

Herbert avec Gautier, depuis 1118 jusqu'à 1130[3].

Que l'on rapproche maintenant de ces témoignages fournis par les actes contemporains, et dont la sincérité ne peut être suspectée, les détails mentionnés plus haut sur l'existence et la succession des divers archidiacres et qui proviennent du texte même de l'écrivain.

Est-il possible de ne pas être frappé de leur complète concordance? Et quelle autre conclusion y a-t-il à tirer de cet accord, si ce n'est que le nom de Jean de Colmieu était une indication erronée, et qu'au lieu de ce personnage hypothétique, c'est Gautier qui a été le collègue d'Herbert, c'est Gautier qui est l'auteur anonyme que nous cherchons?

L'archidiacre Gautier n'est point du reste un écrivain tout à fait nouveau pour ceux qui sont familiers avec l'histoire littéraire de la France, et particulièrement des contrées du Nord, dans la

---

le doyen, le trésorier, le chantre et quinze chanoines, c'est-à-dire le chapitre presque tout entier.

[1] Le nom d'Achard se retrouve deux fois dans le *Cartulaire* de Guérard : seul (p. 236); en compagnie d'Arnoul (p. 237). Il y a évidemment erreur sur la date de la première charte, fixée par Guérard à 1120 environ; comme elle se rapporte à un événement relaté dans une bulle pontificale de 1113 (*Mém. de la Société dunkerquoise,* 1853-1854, p. 343), elle doit être antérieure à 1113. Il y a plus : une charte de Baudouin, roi de Jérusalem (Mir. III, 318), établit qu'en 1110 Achard était déjà prieur ou doyen du temple de Jérusalem, et la note qui suit fournit la preuve qu'il avait cessé d'être archidiacre en 1109.

[2] Guérard, p. 235 pour 1109. — *Ibid.* p. 225, et ms. 831 de Saint-Omer pour 1112.

[3] En 1118, Cartul. de D. Charles de Witte (ms. 803 de Saint-Omer), I, 181.

En 1119, Cartul. de Guérard, 231 et 257. — Mir. III, 323 et 667.

En 1120, Cartul. d'Auchy, pièce 16. — Cartul. de Saint-Nicolas de Furnes, p. 54. — Mir. I, 522.

En 1122, Cartul. de Guérard, p. 229. — Mir. I, 84. — Cartulaire d'Auchy, pièce 17. — Chronique d'Andres, 792-794.

En 1125, Cartul. de Watten, pièce 266.

En 1126, Chronique d'Andres, p. 795.

En 1129, Cartul. d'Auchy. pièce 18. — Ms. 735 de Saint-Omer, pièce 55.

première moitié du XIIe siècle. Ils le connaissent comme l'auteur
de l'une de ces relations, si dramatiques et si pleines d'intérêt
pour l'histoire de la Flandre, qui sont parvenues jusqu'à nous
sur la fin tragique du malheureux comte Charles le Bon[1]. Gautier écrivit en 1127 ou 1128 la vie du comte ; c'est en 1130, au
mois de septembre ou d'octobre, si je ne me suis pas trompé,
qu'il dut composer celle de l'évêque. Dans ces deux écrits, l'analogie du sujet est réellement frappante, puisqu'ils ont surtout
pour objet de faire ressortir les mérites de deux hommes de bien.
Cette analogie n'est pas la seule qu'on y puisse signaler, et, sans
vouloir établir entre eux une comparaison dans les règles, il ne
sera pas hors de propos de constater que les mêmes pensées, les
mêmes développements et jusqu'aux mêmes tours et aux mêmes
expressions se retrouvent assez fréquemment dans l'un et l'autre
de ces écrits.

Je pourrais en citer plus d'un exemple ; je me bornerai à celui
qui me semble le plus remarquable.

Entre autres qualités célébrées justement par leur biographe,
le comte et l'évêque se distinguèrent par une vertu qui leur fut
commune, le désintéressement. Mettons en regard les deux pas-
sages qui s'y rapportent dans chacun des deux récits, et voyons
s'ils paraissent l'œuvre de deux plumes différentes :

Vie de Charles le Bon.	Vie de l'évêque Jean.
«Ecclesias autem et suæ potestatis «homines, secundum pravam aliorum «principum consuetudinem, exactioni-«bus quibuslibet non solum non gra-«vabat, sed publicis omnium utilitati-«bus… relevabat. »	«Ecclesias autem et ecclesiasticas «personas, juxta undique archidiacono-«rum consuetudinem, novis quibus-«dam exactionibus non solum non gra-«vavit, sed exactiones ab anterioribus «archidiaconis impositas relaxavit. »

[1] La *Vie du comte Charles le Bon*, par Gautier, archidiacre de Thérouanne,
fut publiée pour la première fois en 1615, par le père Sirmond, mais sans nom
d'auteur. Les Bollandistes insérèrent le texte complet dans leur collection, au
2 mars, d'après trois manuscrits comparés avec l'édition de Sirmond. Le texte le
plus récent et le mieux établi est celui de Pertz. (*Monum. germanic. historic.
scriptor.* XII, 532 et suiv.) En tête est une notice du professeur R. Kœpke, bien
supérieure pour les détails à celle de l'*Histoire littéraire de la France* (XI, 139).
En nous apprenant que Gautier fit un voyage à Rome en 1128, cette notice nous
apprend pourquoi sa signature manque aux actes de cette année.

On le voit : idée principale, développements accessoires, construction de la phrase, termes employés, tout est presque identique dans ces deux textes. De pareilles ressemblances ne sont point l'effet du hasard, et, pour les expliquer, il faut opter entre un plagiat et une réminiscence. Le xiie siècle a bien pu sans doute avoir ses plagiaires, comme tant d'autres; je l'accorde. Mais on conviendra que, pour supposer un plagiat, encore faut-il qu'il ait une certaine raison d'être, et la phrase ci-dessus est trop simple pour qu'on admette qu'elle ait dû attirer et séduire un plagiaire. Je vois donc, pour ma part, dans la parfaite conformité des deux textes autre chose qu'un emprunt servile, et l'explication qui me semble la plus naturelle est de supposer une de ces réminiscences qui viennent parfois et involontairement à la pensée d'un auteur[1].

Il m'eût été facile de multiplier les citations et les rapprochements de ce genre; je m'en abstiendrai pour arriver sans retard à une preuve plus convaincante. Cette preuve, la Chronique de Thérouanne va nous la fournir.

Ici quelques éclaircissements sont nécessaires.

L'ouvrage désigné sous le nom de « Chronique de Thérouanne » (*Chronicon Morinense*) est attribué à un prêtre de cette ville, Marc Vasseur, qui l'aurait écrit ou composé en 1522, à Saint-Omer, où il avait fui les malheurs de la guerre. La Société d'émulation de Bruges l'a publié, il y a une quinzaine d'années, en tête de son *Histoire de l'évéché d'Ypres,* et la bibliothèque de Saint-Omer en possède deux exemplaires manuscrits[2]. Ce n'est point, à proprement parler, une chronique de Thérouanne; il y est fort peu question de la ville et des événements de l'histoire civile et politique. Elle est au contraire exclusivement consacrée aux évêques de cette ville, et chacun d'eux y figure avec un article spécial. En un mot, c'est le *Catalogus episcoporum Morinensium*[3], un des deux

---

[1] Ne perdons pas de vue qu'il ne s'écoula guère plus de deux ans entre les dates des deux écrits : le premier était donc fort peu répandu lorsque le second fut composé.

[2] N°s 745 et 869.

[3] La preuve que, malgré le nom de *Chronicon Morinense,* qu'il porte dans les

ouvrages que Malbrancq cite le plus souvent dans son livre *De Morinis,* toutes les fois qu'il s'occupe des évêques de Thérouanne. Les quelques lignes consacrées à l'évêque Hubert renferment le passage décisif qu'il me reste à faire connaître.

Ce prélat, contemporain de Grégoire VII, parvint à l'épiscopat en 1079, c'est-à-dire à une époque de désordres et de violences pour la ville épiscopale et pour le diocèse[1]. Il eut tellement à souffrir lui-même de ces violences, qu'après moins de trois années d'épiscopat, il résigna, pour se faire moine à Saint-Bertin, des fonctions qui avaient failli lui devenir funestes. Victime d'un guet-apens, il avait reçu une blessure assez grave pour qu'on le crût au moment d'expirer sur place.

Pour rapporter cet incident, le Catalogue des évêques emploie les termes suivants :

« Quorundam perfidia, *ut Walterus ejusdem sedis et diœcesis*

deux manuscrits cités plus haut, cet ouvrage mérite bien celui de *Catalogus episcoporum Morinensium,* se trouve dans le titre même des deux listes placées en tête du manuscrit 745 : « Auctores qui citantur in hoc *Catalogo,* » et « Index præcipuarum rerum *Catalogi episcoporum.* »

[1] La lutte entreprise par Grégoire VII contre les prêtres simoniaques et mariés semble ne pas avoir été complétement étrangère à ces agitations. Outre une lettre du pontife réformateur (26 mars 1080, Labbe, *Conciles,* X, col. 238-239) adressée à l'évêque Hubert, et dans laquelle il lui reproche de passer pour un hérétique et un simoniaque, une autre lettre du même Grégoire VII nous montre l'évêque de Thérouanne comme entièrement opposé aux réformes de la cour de Rome touchant le célibat des prêtres. Cette lettre, dont la date doit être un peu antérieure à celle de la précédente, est encore inédite; du moins je le suppose. La voici : « G., episcopus, servus servorum Dei, H., Teruanensi episcopo, salutem et apostolicam benedictionem, si decretis apostolicis scienter non resistit. Clamor et querimonia filiorum ecclesiæ tuæ pervenit ad aures nostras te, contra decreta nostra, immo sanctòrumque patrum, consensisse fornicationi clericorum, addentes etiam quod pueris illorum qui nolunt consentire huic iniquitati interdicis baptismum et mortuis sepulturam. Quod nos grave ferentes, auctoritate apostolorum Petri et Pauli tibi præcipimus ut hoc ita a te emendetur ut amplius ex hac re querela ad nos non veniat. Insuper tibi præcipimus ut ad synodum quam, Deo auctore, in prima hebdomada quadragesimæ celebraturi sumus, omni occasione postposita, venias. » En refusant d'obéir à cette sommation, Hubert encourut toute l'indignation du pontife, qui n'hésita pas à l'excommunier Ce dut être pour les ennemis d'Hubert une occasion de triomphe.

scripsit archidiaconus, sauciatus ita ut protinus moriturus videretur. »

Or ces termes mêmes, extraits, au dire du Catalogue, d'un écrit de l'archidiacre Gautier, sont textuellement empruntés à cette Vie de l'évêque Jean de Warneton, si gratuitement attribuée à Jean de Colmieu[1].

Cette dernière preuve suffirait à elle seule pour nous donner le droit de restituer à Gautier la propriété de son œuvre. Si l'on y joint les arguments tirés de la ressemblance si manifeste du style, et de l'accord si complet des actes authentiques de l'époque avec les détails relevés dans l'œuvre même, le doute n'est plus possible pour les esprits même les plus exigeants. Il est donc bien démontré que la notice insérée au nom de Jean de Colmieu dans l'*Histoire littéraire de la France* ne doit plus y être conservée, et que les renseignements biographiques dont elle se compose sont à reporter sur celle de l'archidiacre Gautier.

Si singulière que puisse paraître l'erreur que je viens de faire ressortir, et si légitime que soit la rectification indiquée dans cette note, je n'ai nulle envie d'en exagérer l'importance. Cette rectification n'est, à bien prendre, qu'un simple *erratum,* qui ne touche point au fond même de l'*Histoire littéraire* et qui ne modifie ni le caractère général assigné au siècle, ni les jugements particuliers émis sur les écrivains. Mais n'y a-t-il pas encore un certain degré

---

[1] Un maître Jean de Colmieu, archidiacre de Thérouanne, paraît avoir existé, non au xiie siècle, mais un siècle plus tard, et c'est là sans doute ce qui causa la méprise. Le *Catalogus episcoporum* déjà cité contient aussi un passage à ce sujet. Il donne, dit-il, un extrait « de libro authentico edito a magistro Joanne de Colemedio, archidiacono Morinensi anno millesimo ducentesimo quarto. Iste Joannes (c'est bien de Jean de Warneton qu'il s'agit)... recondidit corpus sancti Humfridi... et ab eo dedicata fuit ecclesia Morinensis, *ubi nunc locus revestiarii est, et ibidem dedicationis signa ego de Colemedio vidi.* » Assurément les dernières lignes prouvent avec évidence que Jean de Colmieu n'était pas le contemporain de l'évêque dont il parlait ; mais il en parlait ; il rappelait une circonstance de sa vie. Cette circonstance avait beau ne pas être rapportée dans la vie de l'auteur contemporain ; c'en fut assez pour qu'un copiste peu attentif confondit les deux auteurs et fît de Jean de Colmieu l'archidiacre et le biographe de l'évêque Jean de Warneton.

d'utilité à rétablir, quoique sur un point secondaire, la vérité altérée et à rendre par ce moyen à l'histoire ou à une portion de l'histoire toute l'exactitude qu'elle peut comporter? Concourir à perfectionner, jusque dans les plus petits détails, ces grandes œuvres d'ensemble que nous ont léguées les érudits des siècles passés, n'est-ce pas aussi s'associer, dans une certaine mesure, à la pensée qui inspirait leurs auteurs?

Cette sorte de collaboration posthume, les Bénédictins dans leur modestie, loin de la repousser, l'eussent appelée, j'en suis sûr, de tous leurs vœux; et les inexactitudes qu'elle relève, les corrections qu'elle propose, ne sauraient affaiblir en rien l'estime qui s'attache si justement à leurs travaux.

IMPRIMERIE IMPÉRIALE — 1868.

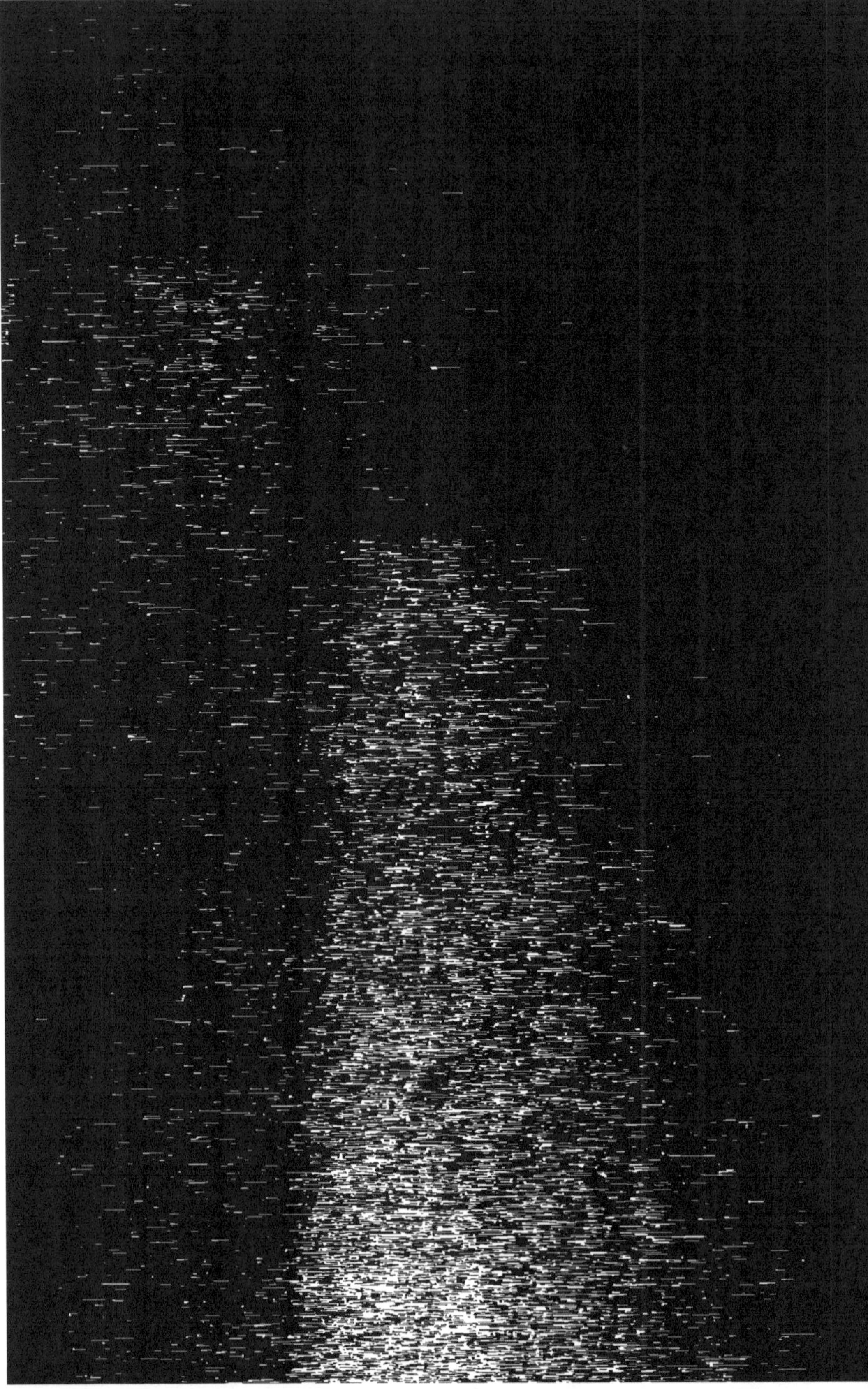